• 과학 교과서 관련 •

5학년 2학기
4. 산과 염기

글 서지원

한양대학교를 졸업하고 《문학과 비평》에 소설로 등단해, 지식과 교양을 유쾌한 입담과
기발한 상상력으로 전하는 이야기꾼입니다. 지식 탐구 능력과 창의적인 문제 해결 능력을
스토리텔링으로 풀어낸 책 300여 종 중에서 중국, 대만 등에 수십 종의 책이 수출되었고,
서울시 올해의 책, 원주시 올해의 책, 문화체육관광부와 한국도서관협회가 뽑은 우수문학도서
등에 선정되었습니다. 초등 수학 교과서를 집필했고, 4학년 2학기 국어 교과서에 동화가
수록되었습니다. 현재 초등 교과서 집필진입니다. 쓴 책으로는
《빨간 내복의 초능력자 (시즌 1~2)》, 《마지막 수학전사 1~5》 등이 있습니다.

그림 이진아

'십만원영화제'의 포스터 디자인을 시작으로 여성영화제, 인디다큐페스티발,
인디애니페스트 등 다양한 문화제와 영화제의 포스터를 그렸습니다. 그 밖에도
프리랜서 일러스트레이터로 다양한 작업을 하고 있습니다.
그린 책으로는 《생각이 크는 인문학》 시리즈, 《그릉 그릉 그릉》, 《나쁜 고양이는 없다》,
《빨간 내복의 초능력자 (시즌 1~2)》, 《산이 부른다 1, 2》 등이 있습니다. 작가의 인스타를
방문하면 더 다양하고 재미있는 일상툰을 만날 수 있습니다.
www.instagram.com/altodito

감수 와이즈만 영재교육연구소

창의 영재수학과 창의 영재과학 교재 및 프로그램을 개발했습니다. 구성주의 이론에
입각한 교수학습 이론과 창의성 이론 및 선진 교육 이론 연구 등에도 전념하고 있습니다.
국내 최고의 사설 영재교육 기관인 와이즈만 영재교육에 교육 콘텐츠를 제공하고
교사 교육을 담당하고 있습니다.

빨간 내복의 코딱지히어로

❻ 시큼시큼 산, 쓰디쓴 염기

1판 1쇄 인쇄 2025년 4월 15일 | 1판 1쇄 발행 2025년 5월 1일

서지원 글 | 이진아 그림 | 와이즈만 영재교육연구소 감수

발행처 와이즈만 BOOKs | **발행인** 염만숙
출판사업본부장 김현정 | **편집** 김예지 양다운 이지웅
디자인 윤현이 | **마케팅** 강윤현 백미영 장하라

출판등록 1998년 7월 23일 제 1998-000170 | **제조국** 대한민국
주소 서울특별시 서초구 남부순환로 2219 나노빌딩 5층
전화 마케팅 02-2033-8987 | 편집 02-2033-8983 | 팩스 02-3474-1411
전자우편 books@askwhy.co.kr | **홈페이지** mindalive.co.kr | **사용 연령** 8세 이상

ISBN   979-11-92936-62-8 74400
　　　 979-11-90744-96-6 (세트)

ⓒ 2025 서지원 이진아
이 책의 저작권은 서지원 이진아에게 있습니다.
저자와 출판사의 허락 없이 내용의 일부를 인용하거나 발췌하는 것을 금합니다.
잘못된 책은 구입처에서 바꿔드립니다.

• 와이즈만 BOOKs는 (주)창의와탐구의 출판 브랜드입니다.

초능력 과학동화

빨간 내복의 코딱지히어로

서지원 글 | 이진아 그림 | 와이즈만 영재교육연구소 감수

6 시큼시큼 산, 쓰디쓴 염기

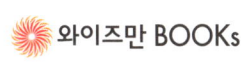
와이즈만 BOOKs

과학을 맛있게 즐기는 방법, 호기심 가득한 눈으로 세상을 봐요!

과학을 무척 좋아하는 어린이 친구가 있었어요. 하지만 학년이 올라가면서 과학과 점점 멀어지게 되었어요. 그리고 한숨을 쉬며 말했어요.

"과학은 신기하고 재미있는 놀이인 줄 알았는데, 과학 수업 시간만 되면 뇌가 돌로 변하는 것 같아요. 어려운 과학 용어만 봐도 생각이 멈춰 버려요."

어렵기만 한 과학을 포기해야 할까요? 과학이 어렵게 느껴지는 건 본격적으로 과학 수업 내용에서 '암기'가 시작되는 순간부터일 거예요. 그렇다면 과학의 즐거움을 되찾을 방법은 없을까요?

과학 공부는 교과서로만 하는 게 아니에요. 우리 주변에 어디든 과학 원리가 녹아 있고, 과학 정보가 생생하게 살아 숨 쉬고 있지요. 과학과 친해지는 첫걸음은 우리 주변을 살펴보는 것에서 시작된답니다. 호기심 가득한 눈으로 세상을 바라보는 것이 바로 '관찰'이니까요. 하지만 관찰만으로는 우리의 호기심을 모두 채우지 못할 거예요. 그래서 경험이 필요하지요. 이렇게 세상을 경험하는 과정이 '실험'이랍니다. 관찰과 실험을 통해 과학적 사고력과 탐구력이 쑥쑥 자라게 될 거예요.

그리고 한 가지 더, 과학의 재미를 더해 줄 특별한 친구를 소개해 줄게요. 바로 '빨간 내복의 코딱지 히어로'랍니다. 코딱지 히어로 나유식은 실험과 관찰이 빠진 과학은, '팥이 없는 붕어빵'이라고 할 정도로 실험과 관찰을 좋아해요.

"과학은 암기가 아니야. 과학을 즐기려면 실험과 관찰을 해야 해."

냉장고에 붙이는 자석 장식, 가방에 달린 자석 단추, 방향을 확인하는 나침반 등 일상생활에서 자석은 다양하게 쓰여요. 또 우리가 사는 지구가 거대한 자석이라는 사실을 알고 있나요? 이처럼 우리 삶과 떼려야 뗄 수 없는 자석에 대해 알아볼까요?

유식이와 함께 호기심 가득한 눈으로 세상을 바라보고 미스터리한 사건을 해결해 보세요. 그러는 동안 자연스레 과학의 원리까지도 깨닫게 될 거예요. 그럼 모두 초능력자가 될 준비가 되었나요? 이제 악당을 잡으러 출동해 볼까요?

서지원

등장인물

나 나유식은 어느 날 별똥별을 주우면서 초능력이 생겼다. 신기하게도 과학 지식을 하나씩 깨달아 갈 때마다 초능력은 늘어 갔다. 그때 난 결심했다. 초능력을 키워 지구를 구하는 슈퍼 히어로가 되겠다고 말이다. 물론 아직은 코딱지 히어로일 뿐이다. 고작 동네를 지키는 히어로는 시시하다고? 과연 그럴까? 기대해도 좋을걸? 기상천외한 모험과 스펙터클 액션이 펼쳐질 거란 말씀!

나유식

내 이름은 나유식, 별명은 너무식. 칭찬이라곤 받아 본 적 없는 말썽쟁이야. 하지만 내가 피운 말썽은 호기심 때문이라고. 난 호기심이 지독하게 많거든. 이건 비밀인데 사실 나는 아는 게 되게 많아. 단지 내가 알고 있는 게 교과서에 나오지 않아서 억울할 뿐이야.

빨간 내복의 코딱지 히어로

어느 날 하늘에서 떨어진 코딱지만 한 별똥별을 콧구멍 속에 넣은 후부터 초능력자가 되었어. 지금은 비록 우리 동네의 안전과 평화를 지키는 코딱지 히어로일 뿐이지만 언젠가 지구를 구하는 차세대 슈퍼 히어로가 될 몸이야. 사람들은 내 정체를 궁금해해. 너희도 궁금하다고? 나야 나, 나유식!

사이언스 패밀리

우리 가족은 과학으로 똘똘 뭉쳐 있어. 아빠는 발명가의 꿈을 키워 나가는 가전제품 회사의 연구원이자 유튜버지. 엄마는 고등학교 과학 선생님이야. 그리고 이건 정말 신기한 일인데, 우리 누나는 전교 1등이야. 과학 영재라나 뭐라나.

아빠　　엄마　　누나

공자

나와 제일 친한 친구야. 공자의 이름은 '공부를 잘하자'의 줄임말이래. 하지만 공자는 나만큼 공부를 못해. 공자에게서는 늘 좋은 냄새가 나. 바로 짜장면 냄새! 공자네 집은 중국집을 하거든. 공자네 짜장면은 세상에서 제일 맛있어.

송희주

희주는 웃는 얼굴이 예쁘고, 웃음소리가 재미있어. 그리고 똑똑해서 희주가 하는 말에는 늘 귀 기울이게 돼. 그래, 맞아. 나는 희주를 좋아해! 이건 제일 친한 친구 공자에게도 말하지 못한 비밀이야. 너희만 알고 있어야 해!

내 이름은 나유식. 별명은 너무식.
친구들은 내가 아주 무식하다고 한다. 자꾸만 수업 시간에 엉뚱한 질문을 한다고 말이다.
하지만 난 무식하지 않다. 호기심이 너무 많을 뿐!
이건 비밀인데, 사실 난 초능력자다.
어느 날, 마당에서 주운 별똥별을 콧구멍에 넣었더니 초능력을 쓸 수 있게 된 것이다.
그런데 내 초능력은 마음대로 나오지 않는다.
과학 원리를 깨달으면 번쩍, 하고 초능력이 생겼다가, 잊어버리면 다시 사라지고 만다.

오늘은 내 인생 최고로 슬픈 날이다.

바로 1학년 때 내가 짝사랑했던 오하나 선생님의 결혼식 날이기 때문이다.

"으흑흑, 선생-니임!"

그렇다고 결혼식에 가지 않는 건 유치한 짓이다.

우리 가족은 함께 결혼식에 참석하기로 했다.

하늘도 내 마음을 안 걸까?

먹구름이 잔뜩 몰려오더니 비가 쏟아지기 시작했다.

비를 맞으며 눈물을 감추려 애쓰는 내게 누나가 우산을 내밀었다.

"나유식, 요즘 비는 산성이라서 몸에 안 좋대!"

"비가 왜 몸에 안 좋아?"

"황산과 질산 같은 산성 물질에 오염된 산성비란 말이야. 매연처럼 환경 오염을 시키는 연기가 녹아 있으니까 함부로 먹거나 맞지 말라더라."

누나는 산성비가 대리석 건물이나 금속 동상도 녹여 버릴 정도로 독하다고 겁을 줬다.

우리 가족이 빗속을 뚫고 결혼식장에 도착했을 때 택시가 멈추는 게 보였다. 희주네 가족과 공자네 가족이 택시에서 내렸다.

엄마, 아빠끼리 인사를 나누는 사이, 희주와 공자가 축 처져 있는 내게 슬그머니 다가와 어깨를 토닥였다.

희주와 공자는 내 첫사랑이 오하나 선생님이란 걸 알고 있었다.

　신부 대기실에 들어가자 새하얀 웨딩드레스를 입은 오하나 선생님이 우리를 반갑게 맞이해 주었다.
　와 줘서 고맙다며 미소 짓는 선생님의 모습을 보자, 참았던 눈물이 다시 솟구치는 듯했다.
　"아야, 눈에 뭐가 들어갔나?"
　눈을 비비며 뒤돌아설 때, 공자가 내 어깨를 딱 붙잡았다.

순간 상쾌한 비누 향기가 바람처럼 퍼지더니, 누군가 신부 대기실로 들어왔다. 그 모습을 본 오하나 선생님이 활짝 웃으며 우리를 돌아봤다.

"얘들아, 인사하렴. 선생님의 친구 백순수라고 해."

손을 흔들며 인사하는 순수 누나의 뒤에는 가방을 든 아저씨가 보디가드처럼 서 있었다. 아저씨는 순수 누나의 가게 직원인 진지남이라며 자신을 소개했다.

"하나야, 널 위해 선물을 준비했어."

"선물?"

"이 진주 귀걸이는 할머니가 물려주신 우리 집안의 보물, '인어의 눈물'이야. 세상에 둘도 없는 소중한 친구라서 특별히 빌려주는 거니까, 절대 잃어버리면 안 된다?"

순수 누나는 오하나 선생님에게 다가가 진주 귀걸이를 달아 주었다.

"이렇게 귀한 걸!"

"잠깐 빌려주는 건데 뭐 어때. 결혼식 끝나면 돌려줘."

순수 누나는 오하나 선생님의 손을 붙잡고 꼭 행복해야 한다며 축하해 주었다. 오하나 선생님은 순수 누나를 안으면서 고맙다고 눈물을 글썽였다.

진주 귀걸이를 한 오하나 선생님은 눈부시게 아름다웠다.
'선생님, 꼭 행복하게 사셔야 해요! 크흡!'
나는 꽃잎이 뿌려지는 결혼식을 보며 몰래 훌쩍거렸다.

결혼식이 끝나가자 공자는 지금이 기회라며 나와 희주를 잡아끌었다. 우리 셋이 가장 먼저 뷔페에 도착했고, 곧이어 순수 누나와 진지남 아저씨도 같은 테이블에 짐을 내려놓았다.

순수 누나가 눈짓하자, 진지남 아저씨는 소독약을 꺼내더니 테이블을 열 번도 넘게 쓱싹쓱싹 닦았다.

식사가 한창일 때, 오하나 선생님이 뷔페에 도착했다.
선생님을 발견한 공자가 고기를 가득 문 채 소리쳤다.

큰 소리가 나자 다른 사람들과 인사를 나누던 오하나 선생님이 힐끔 뒤를 돌아보았다.

그 모습을 본 순수 누나는 애써 태연한 표정을 지으며 자세를 바로잡았다.

"네가 행복한 걸 보니까 눈물이 다 나려고 하네. 화장 다 번지겠다. 나 잠깐 화장실 좀."

순수 누나가 화장실 쪽으로 걸어가자, 맛있게 음식을 먹던 진지남 아저씨도 부랴부랴 따라서 움직였다.

그런데 잠시 후, 팍!
갑작스레 전기가 나가더니, 뷔페가 어둠에 휩싸였다.
당황한 사람들이 웅성거렸다.

다행히 전기는 곧 돌아왔고, 음악이 다시 흘렀다.
사람들이 원래대로 웃음을 터트리며 즐겁게 음식을 먹기 시작한 그때였다.

그건 오하나 선생님의 비명이었다.
"선생님, 무슨 일이세요!"
나는 벌떡 일어나 선생님에게 달려가려고 했다.

"하객 여러분, 잠시 그 자리에서 기다려 주십시오!"

나비넥타이를 맨 결혼식장 직원들이 입구를 가로막았다. 모두가 놀라 오하나 선생님을 쳐다보는데, 선생님의 귀에 걸렸던 진주 귀걸이가 온데간데없었다.

조금 전에 신부님께서 '인어의 눈물'이란 진주 귀걸이를 잃어버렸습니다. 경찰에 신고했으니, 잠시만 기다려 주십시오! 혹시 주변에 진주 귀걸이가 떨어졌는지 봐 주시길 부탁드립니다!

사람들은 바닥과 주변을 살피기 시작했다.
다행히 붉은 카펫이 깔려 있어서 하얀 진주 귀걸이는 눈에 잘 보일 것 같았다.

오금순 형사가 경찰들을 데리고 들어온 것은 20분쯤 지났을 때였다.

"즐거운 결혼식인데 죄송합니다. 저희가 손님 한 명씩 몸수색을 할 테니, 수색을 마친 분은 신분을 기록한 후 돌아가시면 되겠습니다."

오금순 형사는 손님들을 한 명씩 옆방으로 불러 몸수색을 하기 시작했다.

"유식아, 희주야, 우리는 제일 늦게 나가자."
"왜?"
"너 혹시……?"
희주와 나는 의심스러운 눈길로 공자를 바라봤다.

　공자 때문에 희주와 나는 끝까지 남아 음식을 먹으며 경찰들이 수사하는 모습을 지켜보게 됐다.
　오금순 형사 아저씨가 모든 손님을 수색했지만, 귀걸이는 끝내 나오지 않았다.
　오하나 선생님의 얼굴이 한층 더 어두워졌다. 선생님을 위로해 드릴 수 있는 초능력이 있다면 좋을 텐데…….
　하지만 선생님보다 더 걱정하는 건 순수 누나였다.

오하나 선생님의 눈가에 눈물이 맺히고 있었다.

나는 사람들 몰래 보석 찾는 초능력이라도 써 보려 했지만 소용없었다. 이건 다 과학 지식이 부족한 탓이다.

오랜만에 오하나 선생님을 다시 만났다. 선생님은 신혼여행에 맞춰 휴가를 내셨다고 했다. 하지만 멋진 곳에서 달콤한 신혼여행을 즐기다 온 신부치곤 표정이 어둡고 몸도 많이 야위어 있었다.

"선생님, 신혼여행은 어디로 가셨어요?"

"하, 하와이······."

희주의 물음에 선생님이 말끝을 흐렸다. 선생님께 무슨 말 못 할 사정이라도 있는 걸까?

"우와, 미국에 있는 그 하와이요?"

"하와이 음식은 뭐가 제일 맛있어요?"

머릿속에 온통 먹을 생각밖에 없는 공자는 어떤 음식을 먹었느냐고 묻고, 또 물었다.

오하나 선생님이 말끝을 흐리며 고개를 떨궜다. 마곡 하와이는 버스를 타면 갈 수 있는 워터 파크였다.

그때 코끝으로 상쾌하고 청량한 향기가 스며들었다. 고개를 돌리자 교실 안으로 순수 누나가 걸어오는 모습이 보였다. 뒤에는 진지남 아저씨가 그림자처럼 따라붙고 있었다.

순수 누나가 다가오자, 오하나 선생님이 우리에게 눈치를 주었다. 잠깐 자리를 비켜 달라는 뜻 같았다.

"얘들아, 우린 밖으로 나가자."

"왜? 난 하와이 음식에 대해서 더 듣고 싶다고! 마곡이란 나라에 가셨다잖아."

눈치 없는 공자가 엉덩이를 쭉 빼며 버티려 했다. 나는 희주를 향해 힐끗 고갯짓했다. 그러자 희주가 공자의 팔을 잡아당겼다.

"어이구, 어른들끼리 할 얘기가 있다잖아."

우리는 벤치에 앉았다. 살짝 열린 창문 틈 사이로 오하나 선생님과 순수 누나의 목소리가 넘어왔다. 우리는 귀를 쫑긋 세웠다.

순수 누나는 고맙다며 선생님의 손을 붙잡았다. 공자와 희주는 선생님과 순수 누나가 잘 화해해서 다행이라며 안도의 한숨을 내쉬었다.

그날 오후, 담임 선생님께서 갑자기 특별 수업을 할 거라고 말씀하셨다. 나는 들은 적이 없는 얘기라 머리를 긁적거렸다.

"무슨 수업을 한다는 거지?"

내가 희주와 속닥거리고 있을 때, 순수 누나와 진지남 아저씨가 커다란 재료 상자들을 들고 교실로 들어왔다.

"자, 이제부터 천연 비누 만들기를 해 볼 거예요. 어머, 그런데 낯익은 얼굴들이 있네? 안녕, 얘들아!"

순수 누나는 나와 희주, 공자를 단번에 알아보고 반가워했다. 그 사이, 진지남 아저씨는 재료를 나눠 주었다.

"천연 비누는 피부에 자극이 적어서 좋고, 환경 오염을 덜 시켜서 좋아요."

순수 누나는 상자에서 천연 비누들을 꺼내어 보여 주었다.

수업이 시작되자 아이들이 초롱초롱한 눈빛으로 비누 만들기에 집중했다.

나는 하얀 가루와 오렌지 오일을 넣었고, 희주는 허브와 장미 오일을 넣었다. 그런데 공자는 오일과 함께 알 수 없는 갈색 무언가를 집어넣었다.

"자, 이제 비누 틀에 부어 볼까요?"

순수 누나는 우리에게 다음 과정을 설명하다 말고 갑자기 소리를 질렀다.

"으악, 먼지!"

진지남 아저씨가 부리나케 달려와 소독용 스프레이를 칙 뿌렸고, 순수 누나는 손수건으로 손을 박박 문질러 닦았다.

순수 누나는 얼굴이 파랗게 질려서는 순간적으로 손을 휘둘렀다. 그 바람에 공자가 만든 똥 덩어리 비누가 바닥에 떨어지고 말았다.

당황한 공자가 떨어진 비누를 보며 울먹거렸다.

"야, 공자! 너 진짜 똥 덩어리라도 넣은 거야?"

희주가 째려보며 묻자, 공자가 머리를 긁적이며 대답했다.

"아냐, 염색약을 넣었다고 한 거였어. 이건 모양만 똥이지 진짜 똥은 아니라고."

"웩, 웩, 웨엑!"

나는 못 참겠다는 듯 헛구역질을 하는 순수 누나에게 다가갔다.

"제가 만든 것도 봐 주세요."

"순수 누나, 오하나 선생님에게 '인어의 눈물'을 빌려주셔서 고마워요. 잃어버린 게 마음 아프실 것 같아서 위로해 드릴 겸 진주 귀걸이 비누를 만든 거예요."

"저, 정말 기특한 생각을 했구나. 대단해!"

순수 누나는 떨리는 손으로 내 머리를 쓰다듬으며 칭찬을 아끼지 않았다.

수업을 마친 순수 누나는 복도에서 마치 더러운 오물통 속에 있다가 빠져나가는 것처럼 온몸에 소독용 스프레이를 뿌려 댔다.

다음 날, 희주에게서 '순수 비누'에 구경하러 가자고 연락이 왔다. 달달 공원에서 만난 우리는 '순수 비누'로 향했다.

그런데 비누 가게 앞에 쓰레기가 마구 널브러져 있었고, 진지남 아저씨가 짜증 난 얼굴로 쓰레기를 치우고 있었다.

"누가 이런 거예요?"

우리가 물었다. 진지남 아저씨는 길고양이들이 쓰레기봉투를 뜯었다고 화를 냈다.

"원, 길고양이를 없앨 방법을 찾든지 해야지! 백순수 사장님이 이걸 보시면 가만 안 있으실 거야."

 우리는 '순수 비누' 가게를 구경했다.
 심각하게 깔끔한 사람답게 순수 누나의 가게는 모든 게 깔끔하고 완벽했다. 먼지 한 톨 없이 청소된 가게의 모습을 본 공자는 머리를 긁적이며 시무룩한 표정을 지었다.
 "꼭 눈밭에 온 것 같아. 눈밭은 걸어 다니면 발자국이 남잖아. 우리가 움직일 때마다 흔적이 남을 것 같다구."

그때 문득 순수 누나의 책상 위에 놓인 명함 하나가 눈에 들어왔다. 그것은 '스핑크스 보험사'라는 곳의 명함이었다.

"보험사?"

나는 살짝 명함을 만져 보았다. 명함의 뒷면에는 '도난, 분실, 파손 등의 위험으로부터 보석을 보호해 드립니다.'라는 글이 쓰여 있었다.

진지남 아저씨에게서 비누를 선물받은 우리는 달콤하고 은은한 비누 향을 맡으며 집으로 향했다. 달달 공원을 가로질러 갈 때였다.

"아앗! 저기를 봐!"

희주가 무언가를 발견하고 비명을 질렀다.

미미는 희주가 평소에 밥과 간식을 챙겨 주던 길고양이였다.

"미미! 정신 좀 차려 봐!"

희주는 미미를 안고 토닥토닥 동물병원을 향해 뛰었다.

"의사 선생님, 제발 우리 미미를 살려 주세요!"

"일단 X-레이를 찍어 봐야겠구나. 고양이가 먹었던 밥이 있으면 무엇을 먹었는지 알아내는 데 도움이 될 텐데……."

우리는 김토닥 의사의 말을 듣고 부리나케 달달 공원으로 달려가 미미 옆에 놓여 있던 밥그릇을 가져왔다.

병원에서 몇 가지 실험을 마친 김토닥 의사 선생님은 충격적인 말을 꺼냈다.

"미미가 먹은 밥에 독극물이 있었어."

"아무튼, 수산화 나트륨에는 해독제가 따로 없다는 게 문제야."

"헉, 그럼 미미는 어떻게 해요?"

우리는 동시에 소리를 질렀다.

"우선 응급조치는 취해 놨단다. 물론 아직 안심하긴 이르고, 당분간 병원에서 지켜봐야 할 듯하구나."

정신을 차린 미미가 힘없이 야옹, 하고 울었다. 우리는 휴, 하고 마음을 놓았다.

 아침 등굣길, 희주가 내 옆으로 바짝 붙더니 주위를 살피며 조심스럽게 속삭였다.
 "유식아, 오늘 새벽에 우리 집에 우유 배달 오신 분이 누구게?"
 "누구긴, 우유 배달부겠지."
 "쉿, 오하나 선생님과 신랑이셨어."
 "뭐?"
 아무래도 선생님은 순수 누나의 진주 귀걸이값을 물어 주려고 새벽부터 우유 배달을 하는 듯했다.
 "어쩐지 요즘 선생님이 엄청 피곤해 보이시더라."
 "그래, 학교를 마치면 또 배달 아르바이트까지 한대."
 말하던 희주가 멈칫했다.
 조금 전에 대꾸한 건 내 목소리가 아니었기 때문이다.

뒤를 돌아보니 공자가 콧물을 훌쩍이며 서 있었다.
"공자! 너 언제 왔어? 우리 얘기는 어떻게 엿들었고?"
"내 청력이 얼마나 좋은데. 난 개미 발걸음 소리도 들을 수 있다고."
공자와 희주가 서로 티격태격하며 앞으로 걸어갔다. 하지만 나는 걸음을 멈춘 채 주먹을 꽉 움켜쥐었다.
'선생님, 제가 반드시 잃어버린 진주 귀걸이를 찾아 드릴게요! 저는 빨간 내복의 초능력자거든요.'

그날 오후, 희주는 미미가 괜찮아졌는지 보러 가자고 했다.

그렇게 나와 희주, 공자는 달달 공원을 가로질러 토닥토닥 동물병원으로 향했다. 그런데 공원 입구에 들어서자 충격적인 광경이 펼쳐져 있었다.

또 다른 길고양이 세 마리가 기운을 잃고 바닥에 쓰러져 있던 것이다!

"어머, 어떡해!"

그 고양이들은 어미와 새끼 두 마리가 늘 함께 다니는 고양이 가족이었다.

바로 그때, 우주선처럼 장식한 요란한 자동차가 몰래 공원 길을 가로질러 가는 것이 보였다.

"우주인 박사님 자동차잖아? 설마 우주인 박사님이 고양이들을?"

공자는 수상하다며 쫓아가겠다고 난리를 피웠지만, 나는 일단 고양이를 병원으로 데려가는 것이 먼저라며 공자를 잡아끌었다.

이번에 쓰러진 고양이들 역시 미미처럼 수산화 나트륨을 먹었다는 사실이 밝혀졌다.

다행히 김토닥 선생님의 응급 처치 덕분에 고양이들은 곧 정신을 차렸다.

"비누 만들 때 썼던 재료가 뭔지 알지? 가성 소다, 그러니까 고양이가 먹었다는 수산화 나트륨이라구."

내 추리를 들은 희주가 고개를 가로저었다.

"아냐, 그 선생님은 완전 깔끔 환자잖아. 고양이 털이 손에 묻으면 소리를 지르면서 도망갈 거야."

희주의 말에 공자가 맞장구를 쳤다.

"맞아. 그리고 비누 가게에만 수산화 나트륨이 있는 것도 아니잖아. 그러니까 그것만 가지고 범인이라고 할 순 없지."

희주와 공자의 반박을 들은 나는 할 말이 없었다.

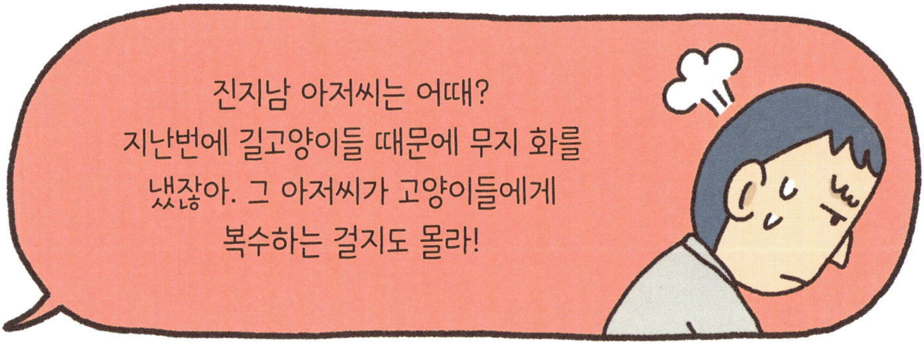

진지남 아저씨는 어때?
지난번에 길고양이들 때문에 무지 화를 냈잖아. 그 아저씨가 고양이들에게 복수하는 걸지도 몰라!

희주가 새로운 추리를 했다.

그러자 공자가 머리를 벅벅 긁으며 짜증스럽게 말했다.

"아, 이 사람도 의심스럽고, 저 사람도 의심스러워! 대체 누가 범인인 거야! 난 배고플 땐 생각이 안 나는데!"

그러다가 돌연 공자가 눈빛이 달라져서 우리를 쳐다보며 다가왔다.

"알아냈어! 범인을 본 목격자가 있어!"

"그래? 누군데?"

고양이들! 고양이들에게 물어보면 범인을 알 거야!

와~ 진심이냐?

누구 고양이랑 대화 할 수 있는 사람?

그날 저녁, 엄마와 단둘이 앉아 과일을 먹었다.

범인이 누구인지 골몰하느라 먹는 둥 마는 둥 하는 내게 엄마가 무슨 걱정이 있느냐고 물었다.

"누군가 자꾸 길고양이들에게 수산화 나트륨을 먹이려고 해요. 어떻게 해야 좋을까요?"

"세상에, 누가 그런 끔찍한 짓을! 안 되겠다. 엄마가 도와줄 방법을 찾아볼게."

늦은 밤, 엄마가 내 방문을 두드렸다.

"길고양이를 구해 줄 마법의 장미꽃이란다!"

엄마는 꽃병에 가짜 장미를 꽂아 왔다.

엄마도 참, 당장 고양이들의 생명이 위험한 판인데 장난이나 치다니! 나는 실망한 표정을 지었다.

유식아, 이건 독극물을 알려 주는 마법 꽃이야.
이 장미꽃을 고양이 밥 위에 올려 보렴.
만약 독극물이 있으면 파란색으로 변할 거야.

파란색?

그래, 그러면 곧장 엄마한테 연락해.
엄마가 독극물을 깨끗하게 없애 줄 테니까.

희주와 공자에게 연락해서 달달 공원에서 만나기로 했다. 다음 날 아침, 나는 장미꽃을 들고 후다닥 뛰어나갔다.

 희주는 내 손에 들린 장미꽃을 보더니 얼굴을 살짝 붉혔다.

우리는 장미꽃을 들고 달달 공원 안을 돌아다니며 고양이 밥그릇을 찾을 때마다 장미 꽃잎을 올려 두었다. 꽃잎을 다 써갈 때까지 별다른 변화가 없어 안도하던 그때, 공자가 소리를 질렀다.

"저, 정말 붉은 장미 꽃잎이 파란색으로 변했어!"

"독극물이야!"

나는 급히 엄마에게 연락했다.

"독극물을 찾았다고? 엄마가 당장 거기로 갈게."

엄마는 눈 깜짝할 사이에 공원으로 달려오더니 주머니에서 이상한 병을 하나 꺼냈다.

엄마는 병에 든 액체를 독극물이 든 고양이 밥 위에 뿌렸다. 그런 다음 장미 꽃잎을 올렸더니 더 이상 파란색으로 변하지 않았다.

"아줌마, 방금 뿌린 그거, 혹시 식초 아니에요?"

공자의 물음에 엄마는 웃으며 고개를 끄덕였다.

"수산화 나트륨이 위험한 건 아주 강한 염기성을 띠고 있기 때문이야. 그러니 식초 같은 산성 물질을 이용하면 염기성을 약하게 만들어서 독성을 없앨 수 있지."

예를 들어 푸른 리트머스 종이는 산성 용액을 만나면
종이가 붉은색으로 변하고

반대로 붉은 리트머스 종이는 염기성 용액을 만나면
종이가 푸른색으로 변해.

"pH가 7이 되면 중성, 즉 산성도 염기성도 아닌 상태가 돼. 적절한 양의 산성 물질과 염기성 물질이 만나면 중성에 점점 가까워지는데, 이 현상을 중화라고 부르지."

중화는 내 상상과는 다르게 우리 가족이 늘 사용하던 방법이었다.

"그럼 고양이 밥을 안전하게 만든 방법도 중화를 이용한 거겠네요!"

"그렇지! 역시 우리 유식이는 똑똑해."

아하, 산성, 염기성은 나쁜 게 아니라, 잘 활용하면 우리 생활에 큰 도움이 되는구나!

속이 쓰릴 때 제산제를 먹는다.
뱃속의 위에서 나오는 위산은 강한 산성이라 많이 나오면 속이 쓰린데, 제산제(염기성)가 위산(산성)을 중화시켜 속을 편안하게 한다.

김치가 너무 시면 조개껍데기를 넣는다.
김치(산성)와 조개껍데기(염기성)가 만나서 중화가 일어나 신맛이 줄어든다.

순간 이마에 파스를 붙인 듯 화끈화끈 시원시원해지면서 뇌 어느 구석에 회오리바람이 몰아쳤다. 산성과 염기성의 원리를 깨달아서 새로운 초능력이 생긴 것이다! 이제 나는 냄새로 산성과 염기성을 구별할 수 있었다. 다만 한 가지 문제가 있다면…….

내 얼굴은 산성 냄새를 맡으면 빨간색으로, 염기성 냄새를 맡으면 파란색으로 바뀌었다. 어떻게 얻은 초능력인데 이런 부작용이 있을 줄이야. 반 친구들은 인간 신호등이라며 날 신나게 놀려 댔고, 부작용은 며칠이 지나서야 겨우 사라졌다.

우리는 계속해서 달달 공원을 돌아다니며 감시하고 다녔다. 하지만 범인은 우리보다 훨씬 신출귀몰해서, 어느 틈엔가 고양이 밥에다 독극물을 넣어 두었다.

"이렇게는 안 되겠어. 범인의 마음과 행동을 분석해서 앞으로 어떤 행동을 할지 추리해 봐야겠어."

히주 말대로 해 보자 독극물이 든 고양이 밥은 주로 달달 공원 분수대 근처에서 발견된다는 걸 알 수 있었다.

지도를 들고 밖으로 나온 우리는 달달 공원 분수대와 가까운 가게들을 둘러보았다. 옷 가게, 편의점, 과일 가게 등을 살피던 중, '순수 비누'의 간판이 눈에 들어왔다.

그때! 찌릿찌릿-.
머릿속에서 빛이 나는 느낌이 들었다. 산성과 염기성을 알아내는 초능력이 신호를 울린 것이다.

복도로 나서자 작은 사무실이 보였다. 그곳엔 책상 한 개와 의자 한 개, 그리고 커다란 금고가 놓여 있었다.

나는 고개를 갸웃하며 금고 문을 살짝 열어 보았다. 다행히 금고는 잠겨 있지 않았고, 속에는 병 하나가 들어 있었다.

이 냄새는 뭐지? 킁킁, 엇, 맞다! 오하나 선생님 결혼식장에서 나던 빙초산 냄새잖아? 빙초산을 왜 여기에 보관하고 있지?

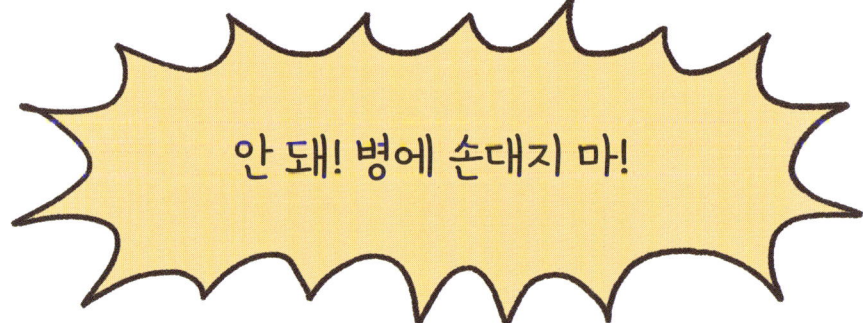

안 돼! 병에 손대지 마!

번개처럼 달려온 순수 누나가 불쾌함과 짜증이 가득한 목소리로 소리쳤다.

"뭐하는 짓이야! 남의 금고를 함부로 보다니."

"앗, 일부러 그런 게 아니라 금고가 열려 있길래……."

내가 고개를 숙이며 불쌍한 목소리로 대꾸하자 순수 누나는 애써 차분한 표정을 지었다.

"음……. 그런데 빙초산 병을 왜 금고에 보관하는 거예요?"

내 질문에 순수 누나는 대답 대신 딴청을 피웠다.

"얘들아, 오늘은 시간이 늦었으니 이만 돌아가는 게 좋겠다. 모두 잘 가렴!"

시간은 흘러 밤이 찾아왔다.
어쩌면 또다시 길고양이들이 독극물을 먹게 될지도 몰랐다.
나와 희주, 공자는 때마침 우주인 박사의 장난감 가게에서 하는 이벤트를 이용하기로 했다. 부모님께 "이번엔 엄청난 이벤트를 한대요! 꼭 구경하고 싶어요!"라고 말하고 밤중 외출 허락을 받아 냈다.

9시 반이 넘었지만, 공자는 나타나지 않았다. 설마 다른 데로 샌 건 아니겠지?

그때 공자가 헐레벌떡 달려왔다.

"얘들아, 큰일 났어! 내가……."

공자는 우주인 박사를 감시하다가 놓쳐 버렸다고 고백했다.

"휴, 우주인 박사는 범인이 아니라니까."

"그래도 난 우주인 박사가 의심스럽다고. 공원을 자꾸 돌아다니는 것도 수상해."

공자가 중얼거릴 때 희주가 내 옆구리를 찔렀다.

"쉿, 숨어!"

희주의 말에 우리는 수풀 속으로 뛰어들었다.

누군가 하얀 위생복에 모자를 깊게 눌러쓰고 서성이는 것이 보였다. 동시에 산성과 염기성을 알아내는 초능력이 신호를 울리기 시작했다.

그사이 하얀 위생복은 검은 봉지를 들고 어디론가 향하고 있었다. 그곳은 길고양이들의 무료 급식통이 있는 곳이었다.

"흐흐흐, 많이 먹어라!"

하얀 위생복은 길고양이들의 밥그릇에 뭔가를 쏟아부었다.

"뭐지? 뭘 붓는 걸까?"

희주가 소곤거렸다.

"킁킁, 이 냄새는 뭐지? 어디서 맡아 본 냄샌데? 그래, 수산화 나트륨이야!"

그때 하얀 위생복이 어깨를 들썩거리며 웃음을 터트렸다.

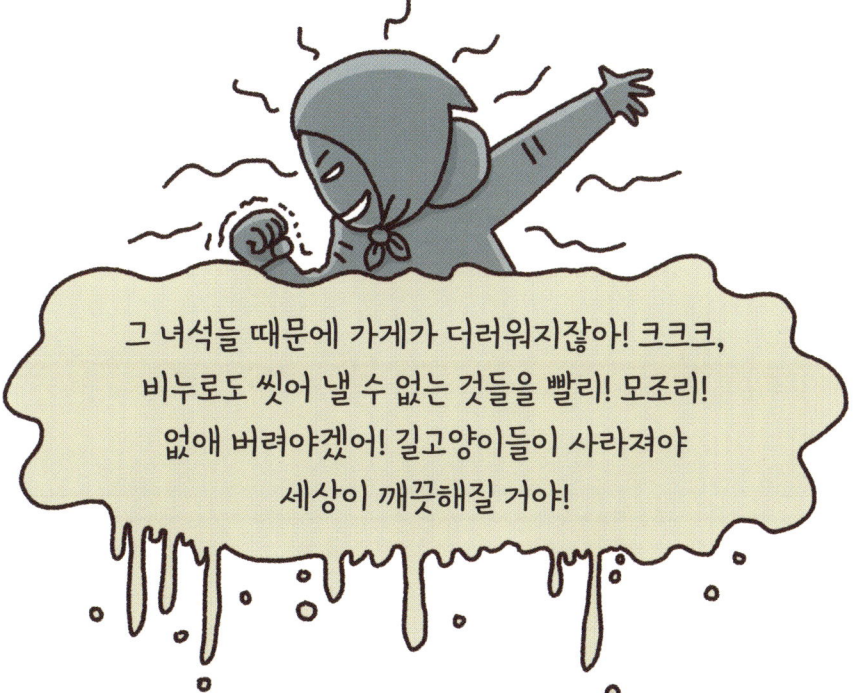

그 녀석들 때문에 가게가 더러워지잖아! 크크크, 비누로도 씻어 낼 수 없는 것들을 빨리! 모조리! 없애 버려야겠어! 길고양이들이 사라져야 세상이 깨끗해질 거야!

순간, 나와 희주, 공자는 얼음이 되고 말았다.
"잠깐, 저 목소리 어디서 들어 본 것 같아."
"그런 것 같은데……."
바로 그때, 지나가는 자동차 라이트가 하얀 위생복의 얼굴을 비췄다.

"말, 말도 안 돼, 길고양이에게 독극물을 먹인 게 순수 누나라고?"
하얀 위생복의 정체는 바로 '순수 비누'의 사장 순수 누나였다.
희주가 외마디 비명을 질렀다.
그 소리를 들은 순수 누나가 숨어 있던 우리를 발견하고 말았다.

"너희들!"

순수 누나는 씩씩거리며 우리를 향해 달려오기 시작했다. 공자는 다리가 풀려 털썩 주저앉은 채 일어나지 못했다.

겁에 질린 희주와 나는 공자를 부축해서 공원 안쪽으로 뛰어갔다. 하지만 하필 막다른 길로 들어서고 말았다.

"흐흐, 아니지, 아직 아무도 안 죽었잖아. 앞으로는 어떻게 될지 모를 일이지만."

순수 누나는 잔인한 표정으로 우리를 향해 점점 다가왔다.

"가, 가까이 오지 마세요! 우리 집은 신속 배달 긴급 출동한다고요!"

공자가 코앞까지 다가온 순수 누나를 밀치며 소리를 내질렀다.

내가 초능력을 쓰려고 손을 들어 올리려는 찰나, 눈부신 빛이 순수 누나를 덮쳤다.

"윽, 뭐야!"

순수 누나가 눈을 찌푸리며 뒤를 돌아보았다.

우주인 박사가 우주선 자동차를 탄 채 초강력 플래시를 비추고 있었다. 그 빛이 얼마나 셌는지 순수 누나가 눈을 똑바로 뜨지 못한 채 비틀거렸다.

그 틈을 타 도망치려는데, 공자가 말릴 새도 없이 달려가더니 바위 같은 머리로 순수 누나에게 달려들었다.

신속 배달! 긴급 출동!

크헉~

퍽!

박치기에 맞은 순수 누나가 바닥에 나뒹굴었다.

순수 누나가 쓰러져 있는 사이, 우리는 동물 학대범을 잡았다며 경찰에 신고했다.

삐뽀, 삐뽀, 삐뽀-.

이윽고 사이렌 소리와 함께 경찰이 도착했다.

하지만 정신을 차린 순수 누나는 경찰을 발견하곤 자기는 피해자라며 눈물을 흘리기 시작했다.

전 그냥 고양이 밥을 주고 있었는데 갑자기 저 영감이 라이트를 비추더니 아이들이 저를 공격했단 말이에요!

뭐라고요?

"거짓말! 경찰 아저씨, 저 누나가 길고양이를 죽일 수 있는 독극물을 고양이 밥에 넣었어요!"

공자가 경찰에게 소리쳤다.

"맞아요, 길고양이 미미가 먹은 게 바로 수산화 나트륨이에요. 김토닥 의사 선생님께 물어보셔도 돼요. 저 언니가 다른 길고양이들에게도 독극물을 먹였어요. 어미 고양이와 새끼 고양이들이 모두 죽을 뻔했다고요!"

희주도 공자의 말에 맞장구를 쳤다. 하지만 경찰은 심드렁한 표정이었다.

경찰의 말에 우리는 뒤통수를 세게 얻어맞은 것처럼 멍한 표정을 지었다.

"흠, 그럼 전 그만 돌아가도 될까요? 저 아이들이 제게 한 짓은 정말 어이없긴 하지만 용서하기로 하죠."

순수 누나는 입꼬리를 올리며 히죽 웃음을 지었다.

나는 기다렸다는 듯 손가락을 뻗어 순수 누나를 가리켰다.

"진주 귀걸이 도둑이 여기 있어요!"

오금순 형사 아저씨가 수갑을 꺼내며 말했다.

"백순수 씨. 당신을 귀금속 보험 사기범으로 체포합니다. 당신은 묵찌빠를 아니, 묵사발을 할 수 있…… 아니, 묵비권을 행사할 수 있으며……."

그때, 어디선가 나타난 진지남 아저씨가 놀란 표정으로 오금순 형사 아저씨의 팔을 붙잡았다.

"사장님은 아무 잘못이 없어요. 제발 용서해 주세요! 아니, 차라리 저를 잡아 가세요!"

길길이 날뛰는 순수 누나와 대성통곡하는 진지남 아저씨 때문에 현장은 완전히 아수라장이 되었다.

나는 진주가 산에 녹는다는 사실을 알게 되었다고 설명했다.

"바로 결혼식 뷔페에 진주를 녹일 산이 있었던 거지. 뷔페가 정전되었을 때 맡았던 냄새 기억하지?"

내 말을 듣던 공자가 고개를 갸웃하며 아리송한 표정으로 물었다.

"그런데 순수 누나는 진주 귀걸이의 주인이잖아. 왜 진주를 없앤 거지? 그걸 없애면 자기만 손해잖아."

"아, 백순수 씨는 진주 귀걸이에 비싼 보험을 들어 두었지. 그리고 진주 귀걸이를 도난당했다면서 보험금을 받았더구나."

증거 있어? 내가 빙초산으로 진주를 녹였다는 증거 있냐고?

"증거는 이미 찾았어요."

나는 오금순 형사 아저씨를 데려가 '순수 비누'의 금고에 든 빙초산을 보여 주었다.

"이 안에 진주가 녹아 있을 거예요."

"음, 증거도 확실하군. 백순수 씨, 그만 차에 타시죠."

 "백순수 사장님은 '순수 비누' 가게를 더 크게 만들고 싶어 했지만 돈이 없었죠. 그런데 어느 날, 보험 설계사가 찾아와서 비싼 보석 같은 것을 갖고 있느냐고 물었어요. 사장님은 할머니가 남긴 진주 귀걸이가 있다고 대답했고요. 그랬더니 보험 설계사는 보험을 들어 둔 다음 도둑맞은 척하면 보상금을 받을 수 있다고 했어요. 빙초산에 녹은 진주를 복원시킬 방법이 있으니 걱정하지 말고 빙초신을 쓰라면시요."

"백순수 씨가 완전히 속으셨군요. 빙초산에 녹은 진주를 원래 모습으로 돌려놓을 방법은 어디에도 없습니다. 그 보험 설계사가 대체 누군가요?"

순수 누나는 자기도 모르겠다며 고개를 푹 숙였다.

찌릿찌릿-.

순간 내 몸에 또다시 전기가 흘렀다. 산성과 염기성 물질을 찾았을 때 나타나는 초능력이 또 발동된 것이었다.

"형사 아저씨, 혹시 식초 갖고 계세요?"

"아니. 그런데 갑자기 왜 그러느냐?"

"누군가 막강한 산성 물질을 갖고 있는 것 같아요. 혹시 빙초산 같은 거면 어떡하죠?"

나는 혼란한 틈을 타 멀리서 지켜보고 있던 우주인 박사의 옆으로 갔다.

 "박사님, 여긴 어떻게 알고 와 주신 거예요?"

 "저 백순수라는 사람한테서 스핑크스 놈들의 냄새가 풀풀 났거든. 그래서 몰래 감시 중이었는데 마침 너희가 위험해 보이는 상황이지 뭐니."

 "어라? 스핑크스에 대해 자세히 아세요?"

 "그럼 정말 날날 마을에 외계인이 있단 말씀이세요?"

 "이이쿠. 오늘 행사에 가야 하는 걸 깜빡했네."

그렇게 멀어져 가는 우주인 박사의 앞으로 바람이 쌩 하고 스쳐 갔다.

순간 우주인 박사가 쓰고 있던 가발이 벗겨지면서 정수리에 달린 뭔가와 딱 마주치고 말았다.

28쪽

50쪽